BEI GRIN MACHT SICH IHR
WISSEN BEZAHLT

AF135923

- Wir veröffentlichen Ihre Hausarbeit,
  Bachelor- und Masterarbeit

- Ihr eigenes eBook und Buch -
  weltweit in allen wichtigen Shops

- Verdienen Sie an jedem Verkauf

Jetzt bei www.GRIN.com hochladen
und kostenlos publizieren

Bibliografische Information der Deutschen Nationalbibliothek:

Die Deutsche Bibliothek verzeichnet diese Publikation in der Deutschen National-
bibliografie; detaillierte bibliografische Daten sind im Internet über http://dnb.d-
nb.de/ abrufbar.

Impressum:

Copyright © 2020 GRIN Verlag
Druck und Bindung: Books on Demand GmbH, Norderstedt Germany
ISBN: 9783346195470

Dieses Buch bei GRIN:

https://www.grin.com/document/542131

Felix Kohlmann

Gesundheitsmanagement im Sport

Konzept zur Reduzierung von Bewegungsmangel und Prävention von Übergewicht und Adipositas bei Kindern und Jugendlichen durch gesundheitssportliche Aktivität

GRIN Verlag

GRIN - Your knowledge has value

Der GRIN Verlag publiziert seit 1998 wissenschaftliche Arbeiten von Studenten, Hochschullehrern und anderen Akademikern als eBook und gedrucktes Buch. Die Verlagswebsite www.grin.com ist die ideale Plattform zur Veröffentlichung von Hausarbeiten, Abschlussarbeiten, wissenschaftlichen Aufsätzen, Dissertationen und Fachbüchern.

Deutsche Hochschule für
Prävention und Gesundheitsmanagement
Hermann Neuberger Sportschule 3
66123 Saarbrücken

Einsendeaufgabe

Fachmodul:	Gesundheitsmanagement im Sport
Studiengang:	Sportökonomie
Datum Präsenzphase:	10.02.20 – 13.02.20
Name, Vorname:	Kohlmann, Felix
Studienort:	**München**
Semester:	**WS 2017**

Inhaltsverzeichnis

1 Bedarfsanalyse

Die folgende Arbeit beschäftigt sich mit dem Thema „Konzept zur Reduzierung von Bewegungsmangel und Prävention von Übergewicht und Adipositas bei Kindern und Jugendlichen durch gesundheitssportliche Aktivität."

Um im späteren Verlauf ein Gesamtkonzept erstellen zu können, wird in den nächsten beiden Punkten zuerst die aktuelle Datenlage zu dem Schwerpunktthema verdeutlicht.

1.1 Bewegungsempfehlungen und Bewegungsverhalten

Im ersten Schritt werden die Empfehlungen zur gesundheitswirksamen körperlichen Aktivität von anerkannten Fachgesellschaften für Kinder und Jugendliche erörtert.
Danach wird das tatsächliche Bewegungsverhalten dieser Bevölkerungsgruppe analysiert und schlussendlich ein Fazit gezogen.

Die körperliche Aktivität wird dabei wie folgt definiert: „Jede von der Skelettmuskulatur ausgeübte Kraft, die zu einem Energieverbrauch oberhalb des Grundumsatzes führt" (Caspersen, Powell & Christensen, 1985).

Laut der Weltgesundheitsorganisation (nachfolgend WHO genannt) ist bei Kindern und Jugendlichen zwischen 5 und 18 Jahren eine körperliche Aktivität von 60 Minuten mit mittlerer bis hoher Intensität am Tag zu empfehlen, dabei sollten drei Aktivitäten enthalten sein, welche Muskel- und Knochenstärkend sind (World Health Organization, 2018).

Ebenso sollten langanhaltende Tätigkeiten ohne körperliche Aktivität weitestgehend vermieden werden (Bundesamt für Sport, 2013).

Nachfolgend wird das tatsächliche Bewegungsverhalten von Kindern und Jugendlichen dargestellt, hierbei wird zwischen Mädchen und Jungen unterschieden.

Tab. 1: Körperliche Aktivität bei 3- bis 17-jährigen Mädchen/Jungen nach Alter und Sozialstatus (In Anlehnung an Manz et al., 2014, S. 843)

	Täglich mindestens 60 Minuten körperlich aktiv (WHO-Empfehlung erfüllt) In %	Seltener als an zwei Tagen pro Woche 60 Minuten körperlich aktiv In %
Mädchen / Jungen	**25,4 / 29,4**	**8,0 / 4,7**
Alter		
3 bis 6 Jahre	50,7 / 52,2	4,9 / 2,8
7 bis 10 Jahre	30,5 / 31,4	3,4 / 5,6
11 bis 13 Jahre	12,0 / 17,4	8,5 / 6,8
14 bis 17 Jahre	8,0 / 15,0	14,8 / 4,0
Sozialstatus		
Niedrig	28,5 / 28,0	13,1 / 10,9
Mittel	24,3 / 30,0	8,0 /3,7
Hoch	26,9 / 30,2	3,3 / 1,3
Gesamt (Mädchen und Jungen)	**27,5**	**6,3**

Anhand der Tabelle, lässt sich sehr gut erkennen, dass nur knapp über ein Viertel (27,5%) der Kinder und Jugendlichen zwischen 3 und 17 Jahren die Empfehlungen der WHO erfüllen. Die körperliche Aktivität ist in jeder Altersgruppe bei den Jungen höher als bei den Mädchen.

Die Aktivität sinkt mit dem Schulbeginn sowohl bei den Mädchen als auch bei den Jungen um ca. 20 Prozent.

Ebenso besteht ein Zusammenhang zwischen dem Sozialstatus und der körperlichen Aktivität. Knapp 10 Prozent mehr Kinder und Jugendliche mit einem niedrigen Sozialstatus sind seltener als zwei Mal die Woche für 60 Minuten aktiv.

Zusammenfassend lässt sich sagen, dass allgemein ein großer Handlungsbedarf besteht, um die Kinder und Jugendlichen zu mehr körperlicher Aktivität zu bewegen. Gerade bei einem niedrigen Sozialstatus, muss sowohl den Kindern als auch den Erziehungsberechtigten unter die Arme gegriffen werden.

1.2 Datenlage zum Gesundheitsproblem

Nachfolgend werden anhand der aktuellen Datenlage die Bedeutung und die Auswirkungen von Übergewicht und Adipositas im Kindes- und Jugendalter erörtert, vier mögliche Risikofaktoren bestimmt und zuletzt Handlungsnotwendigkeiten abgeleitet.

Um zu bestimmen, ab wann Kinder und Jugendliche Übergewichtig oder Adipös sind, wurden die vorgelegten Referenzdaten zur Verteilung des Body-Mass-Index (BMI) von Kromeyer-Hauschild, et al. (2001) herangezogen.

Im Schnitt ist fast jedes 6. Kind (15%) im Alter von 0 bis 18 Jahren Übergewichtig (oberhalb des 90. Perzentils). Von diesen 15 Prozent, sind 6,3 Prozent per Definition (oberhalb des 97. Perzentils) adipös (Kromeyer-Hauschild, et al., 2001).

Es ist deutlich zu erkennen, dass die Anzahl der übergewichtigen und adipösen Kinder mit zunehmendem Alter steigt. So sind 9% der 3- bis 6-Jährigen, über 15% der 7- bis 10-Jährigen und bis zu 17% der 14- bis 17-Jährigen, übergewichtig.

Adipös sind dabei 2,9% der 3- bis 6-Jährigen, 6,4% der 7- bis 10-Jährigen und 8,5% der 14- bis 17-Jährigen (ebd).

Übergewicht und Adipositas haben eine große Auswirkung auf nahezu alle Organsysteme. Adipositas ist sowohl mitverantwortlich für die Entwicklung des Typ-2-Diabetes mellitus als auch für das hohe kardiovaskuläre Risiko (Dieterle & Landgraf, 2006).

In der Folgenden Abbildung werden sowohl die Begleiterkrankungen im Kindes- und Jugendalter als auch die Folgeerkrankungen im Erwachsenenalter dargestellt.

Tabelle 2
Begleit- und Folgeerkrankungen

Begleiterkrankungen im Kindes- und Jugendalter	Spätfolgen im Erwachsenenalter
Metabolisch-endokrinologische Erkrankungen	
Metabolisches Syndrom (Hypertonie, Dyslipoproteinämie,	NIDDM
Hyperinsulinismus, verminderte orale Glukosetoleranz)	Hypertriglyzeridämie
NIDDM	Hypercholesterinämie
Frühe Menarche	Hyperurikämie
Zyklusunregelmäßigkeiten	Zyklusstörungen und polyzystisches Ovar-Syndrom
Kardiale und vaskuläre Erkrankungen	
Vergrößerung der linksventrikulären Muskelmasse	Arterielle Hypertonie
Arterielle Hypertonie	Linksventrikuläre Hypertrophie
Atherosklerose	Atherosklerose
	KHK
	Zerebrovaskuläre Erkrankungen
	Periphere arterielle Verschlusskrankheit
	Chronisch venöse Insuffizienz
	Erhöhtes Thromboserisiko
Gastroenterologische Erkrankungen	
Cholelithiasis	Cholelithiasis
Steatohepatitis	Refluxösophagitis
	Nicht alkoholinduzierte Steatohepatitis (NASH)
	Pankreatitis
Orthopädische und traumatologische Probleme	
Fehlhaltungen	Früharthrosen
Fehlstellungen	Haltungsschäden
Epiphyseolysen	Diskopathien
	Osteoporose
Neurologische Beteiligung	Erhöhtes Malignomrisiko
Idiopathische intrakranielle Hypertension	Kolon-, Endometrium-, Zervix-, Gallenblasen-
(Pseudotumor cerebri)	und Prostatakarzinom
Respiratorische Erkrankungen	
Obstruktives Schlafapnoesyndrom (OSAS)	Obstruktives Schlafapnoesyndrom (OSAS)
Asthma bronchiale	Asthma bronchiale
Psychosoziale Folgen	
Reduziertes Selbstwertgefühl	Diskriminierung
Depressive Stimmungslage	Depressionen
Bulimie	Geringeres Einkommen
	Bulimie

Abbildung 1: Begleit- und Folgeerkrankungen bei Übergewicht und Adipositas (Kromeyer-Hauschild, et al., 2001)

Im zweiten Schritt, soll nun die Ursache und die damit vorhandenen Risikofaktoren erörtert werden.

Zu den Risikofaktoren, welche Übergewicht und Adipositas beeinflussen zählen elterliches Übergewicht, hohes Geburtsgewicht, wenig körperliche Aktivität, lange Zeiten vor Computer und Fernseher, zu energiereiche Ernährung und psychische Faktoren (Kurth & Rosario, 2007).

Auch für Graf C, et al. (2007, S. 12) stellen Bewegungsmangel, Fehlernährung aber auch genetische und sozialökonomische Faktoren ein Risiko dar.

So sind ca. 50% aufgrund der genetischen Veranlagung adipös (Graf, et al., 2007, S. 12).

Der Bewegungsmangel wird durch fehlende Bewegungsbereiche oder durch zu viel Zeit vor elektronischen Geräten gefördert und damit das Risiko auf Übergewicht verstärkt (Graf, et al., 20017, S. 13).

Es wird deutlich, dass Übergewicht und Adipositas ernstzunehmende Schäden anrichten kann und durch verschiedene Faktoren begünstigt wird. Aufgrund der steigenden Zahlen, ist es notwendig ein Gesundheitskonzept für diese Bevölkerungsgruppe zu entwickeln und anschließend zu fördern.

2 Wirksamkeit körperlicher Aktivität

Bevor das Konzept ausgearbeitet wird, wird anhand von zwei wissenschaftlichen Forschungsergebnissen die Wirksamkeit der körperlichen Aktivität dargestellt.

Tab. 2: Eigene Darstellung der Studie: Effects of a controlled trial of a school-based exercise program on the obesity indexes of preschool children (Mo-suwan, et al., 1998)

Autor/In, Autoren	Mo-suwan, L., Pongprapai, S., Junjana, C., Puetpaiboon A.
Titel	Effects of a controlled trial of a school-based exercise program on the obesity indexes of preschool children.
Erscheinungsjahr	1998
Hintergrund und Fragestellung	Ziel der Studie war es, die Wirkung eines schulbasierten Programms für Vorschulkinder auf den Adipositas-Index zu ermitteln.
Methodik	292 Grundschüler im zweiten Jahr wurden dafür ausgewählt, ein spezielles Übungsprogramm dreimal pro Woche für 29,6 Wochen auszuführen: - 15 Minuten Spaziergang vor dem Morgenunterricht - 20 Minuten Aerobic-Kurs nach dem Mittagsschlaf Das Gewicht, die Körpergröße und die Hautfaltendicke des Trizeps wurden viermal gemessen. Anhand der Hautfaltenmessung wurden die Ergebnisse festgestellt.
Ergebnisse	Am Ende der Studie nahm die Prävelenz von Adipositas, unter Verwendung einer geeigneten Statistik für die Hautfaltendicke des Trizeps, sowohl in der Kontroll- als auch in der Interventionsgruppe ab: - Kontrollgruppe: 11,7% auf 9,7% (Wilcoxon signed-rank test, $P = 0.179$). - Interventionsgruppe: 12,2% auf 8,8% (Wilcoxon signed-rank test, $P = 0.058$). Die Mädchen in der Interventionsgruppe hatten eine geringere Wahrscheinlichkeit, einen steigenden BMI zu haben als die Mädchen in der Kontrollgruppe (Quotenverhältnis: 0,32; 95% CI: 0,18, 0,56).
Diskussion und Schlussfolgerung	Die Studie hat gezeigt, dass ein 29,6-Wochen-Schulprogramm die Erhöhung des

BMI bei Mädchen verhindern und eine Re-
mission der Adipositas bei Kindern im
Vorschulalter bewirken kann.
Jedoch muss kritisch hinterfragt werden, wel-
che weiteren Faktoren eine Erhöhung des
BMI beeinflussen.

Tab. 3: Eigene Darstellung der Studie: Freiburg Intervention Trail for Obese Children (FITOC): Ergebnisse einer klinischen Beobachtungsstudie (Korsten-Reck et al., 2006)

Autor/In, Autoren	Korsten-Reck, U., Kromeyer-Hauschild, K., Korsten, K., Rücker, G., Dickhuth, H. H., Berg, A.
Titel	Freiburg Intervention Trail for Obese Children (FITOC): Ergebnisse einer klinischen Beobachtungsstudie
Erscheinungsjahr	2006
Hintergrund und Fragestellung	Ziel der Studie war es, aufgrund der Zunahme der Prävalenz der übergewichtigen und adipösen Kindern und Jugendlichen, herauszufinden, ob es möglich ist Kinder mit einer chronischen Adipositas in einem Interventionsprogramm erfolgreich zu behandeln. Dabei sollte das Gewicht stabilisiert bzw. reduziert werden und das Verhalten gegenüber Ernährung und Bewegung geändert werden.

Methodik	- 472 Kinder und Jugendliche zwischen 8 und 11 Jahren (220 Jungen, 252 Mädchen), mit einem Durchschnittsalter von 10,5 Jahren.
	 - Ins Programm aufgenommen wurden Kinder
	   • , die über dem 97. Perzentil liegen.
	   • , die zwischen dem 90. und dem 97. Perzentil liegen und Begleiterkrankungen vorliegen (manifeste Hypertonie, Dyslipoproteinämie) oder ein Elternteil adipös ist.
	 - Programm über 8 Monate:
	   • Dreimal pro Woche organisierter Sport, einer Ernährungsschulung, bestehend aus einmal pro Woche neben

	dem Sport, sieben Kinderschulungsnachmittagen und sieben Elternabenden alle vier bis sechs Wochen und einer Verhaltenstherapie.
	- Kontrollgruppe: 29 Kinder (16 Jungen, 13 Mädchen)
	- Team: Ein Arzt, ein Oecotrophologe, ein Sportlehrer und ein Psychologe.
	- Folgende Parameter wurde erfasst:
	• Körpergröße
	• Körpergewicht
	• BMI
	• BMI-SDS
	• Gesamtcholesterin (CH)
	• LDL- und HDL-Cholesterin
	• Körperliche Leistungsfähigkeit (Watt/Kg) mit Hilfe eines Fahrradergometertests (25 Watt Anfangsbelastung, 25 Watt Steigerung alle 3 Minuten bis zur subjektiven Erschöpfung)
Ergebnisse	Interventionsgruppe:
	- 71,7% weisen einen geringeren BMI-SDS auf (signifikanter Unterschied zwischen Jungen und Mädchen)
	- Signifikante Zunahme der körperlichen Leistungsfähigkeit (p>0,001)
	- Abnahme des Gesamt- und LDL-Cholesterin
	- Tendenz zu einer HDL-Cholesterinzunahme
	- Sportliche Aktivität ist um ca. 40% gestiegen
	Kontrollgruppe:
	- Konstante BMI-SDS-Werte
	- Verschlechterung der Cholesterinwerte
	- Unveränderte körperliche Leistungsfähigkeit
Diskussion und Schlussfolgerung	Aufgrund der unterschiedlichen Gruppengrößen (Interventions- und Kontrollgruppe),

kann es schnell zu statistischen Fehlern kommen, dennoch ist die Studie aussagekräftig. Die Ausstiegsquote aus dem Programm war sehr gering. Die körperliche Aktivität schein für übergewichtige und adipöse Kinder eine wichtige Rolle zu spielen.

3 Zielgruppe

In diesem Punkt, wird die anvisierte Zielgruppe für das Gesundheitskonzept mit Hilfe einer Tabelle definiert.

Tab. 4: Definition der anvisierten Zielgruppe

Personenbezogene Daten	
Alter	6 bis 10 Jahre
Geschlecht	Männlich und Weiblich
Familienstand	Keine Relevanz bei Kindern
BMI	25 bis 34,9 (Adipositas Grad I)
Gesundheitsrisiken /-belastungen	
Bestehende Gesundheitsrisiken/ -belastungen	- Bewegungsmangel (WHO Empfehlung wird nicht erreicht) - Diabetes Mellitus Typ 2 - Erhöhter Blutdruck (Hypertonie bis Stufe I)
Bewegungsverhalten	
Bewegungsverhalten	- Körperliche Aktivität unter 180 Minuten pro Woche
Vereinszugehörigkeit	- Nein - Wenn ja, dann aktive Teilnahme mindesten 2 Jahre zurück
Kontraindikatoren	
Unter welchen Bedingungen, wird die Teilnahme am Gesundheitskonzept ausgeschlossen?	- Schwere kardiovaskuläre Erkrankung - Akute Verletzungen - Sonstige Gründe, die eine sportliche Aktivität ausschließen (Ärztliche Bescheinigung)

4   Ziele und Inhalte

Zuletzt wird in der folgender Tabelle die Ziele und Inhalte für das Gesundheitskozept dargestellt.

Tab. 5: Ziele und Inhalte des Gesundheitskonzepts

Gesamtziel		
Die Wichtigkeit von Bewegung und Ernährung anhand spielerischer Elemente verdeutlichen.		
Zieldimension Gesundheitswirkung		
Kernziel	Teilziele	Inhalte
1 Stärkung physischer Gesundheitsressourcen	1) Verbesserung der Ausdauerfähigkeit 2) Verbesserung der Koordinationsfähigkeit	1) Spielerische Ausdauerübungen /-spiele im Team 2) Förderung der Koordination durch blancieren, Seilspringen, etc.
2 Verminderung von Risikofaktoren	1) Verminderung von Bewegungsmangel 2) Gewichtsreduktion	1) Spielerische Bewegung mindestens dreimal pro Woche 60 Minuten 2) Mit Hilfe von Kochstunden mit den Eltern, sollen die Kinder ihr Ernährungsverhalten verbessern
3 Stärkung psychosozialer Gesundheitsressourcen	1) Stärkung der Teamfähigkeit 2) Steigerung des Körperempfindens	1) Partner- und Gruppenspiele 2) Körperwahrnehmungsübungen (Life Kenetik, Rhythmus)
4 Bewältigung von Beschwerden und Missempfinden	1) Minderung von physischen Beschwerden (Gelenkschmerzen, Verspannungen, etc.) 2) Minderung von psychischen Beschwerden (Stress, Traurigkeit, etc.)	1) Leichtes Krafttraining soll die Muskulatur stärken, um die Gelenke zu entlasten 2) Autogenes Entspannungstraining

Zieldimension Verhaltenswirkung		
Kernziel	**Teilziele**	**Inhalte**
5 Aufbau von Bindung an gesundheitssportliche Aktivität	1) Regelmäßige Teilnahme 2) Körperliche Bewegung in den Alltag integrieren	1) Vermittlung von Spaß am Sport, Eltern in die Verantwortung ziehen 2) Schrittzählerwettkampf, eventuell kann das Kind zur Schule laufen oder Fahrrad fahren
Zieldimension Verhältniswirkung		
Kernziel	**Teilziele**	**Inhalte**
6 Verbesserung der Bewegungsverhältnisse	1) Langfristige Bindung an den Sport durch Vereine 2) Einbeziehung der Erziehungsberechtigten	1) Kooperationen mit Vereinen (Schnuppertage) 2) Kinder trainieren Eltern

5 Literaturverzeichnis

Bundesamt für Sport. (2013). *baspo.admin.ch.* Zugegriffen am 18.02.2020. Verfügbar unter https://www.baspo.admin.ch/de/sportfoerderung/breitensport/gesundheit/bewegungsempfehlungen.html#ui-collapse-799.

Caspersen CJ, Powell KE, Christensen GM. (1985). *Physical activity, exercise, and physical fitness: definitions and distinctions for health-related research.* Public Health Reports, S. 126–131.

Dieterle, C., & Landgraf, R. (2006). *Folgeerkrankungen und Komplikationen der Adipositas.* Der Internist, 47(2): S. 141-149.

Graf, C., Dordel, S., & Reinher, T. (Hrsg.). (2007). *Bewegungsmangel und Fehlernährung bei Kinder und Jugendlichen. Prävention und interdiisziplinäre Therapieansätze bei Übergewicht und Adipositas.* Köln: Deutscher Ärzte- Verlag.

Korsten-Reck, U., Kromeyer-Hauschild, K., Korsten, K., Rücker, G., Dickhut, H. H., Berg, A. (2006). *Freiburg Intervention Trial für Obese Children (FITOC): Ergebnisse einer klinischen Beobachtungsstudie.* Deutsche Zeitschrift für Sportmedizin, 57(2): 36-4.

Kromeyer-Hauschild K, Wabitsch M et al. (2001). *Perzentile für den Body-Mass-Index für das Kindes- und Jugendalter unter Heranziehung verschiedener deutscher Stichproben.* Monatsschr Kinderheilkd 149: S. 807–818.

Kurth B, Rosario AS. (2007). *Die Verbreitung von Übergewicht und Adipositas bei Kindern und Jugendlichen in Deutschland.* Bundesgesundheitsblatt – Gesundheitsforschung – Gesundheitsschutz 50(5-6): S. 736-743.

Manz K, Schlack R, Poethko-Müller C et al. (2014). *Körperlich-sportliche Aktivität und Nutzung elektronischer Medien im Kindes- und Jugendalter. Ergebnisse der KiGGS-Studie – Erste Folgebefragung (KiGGS Welle 1).* Bundesgesundheitsblatt – Gesundheitsforschung – Gesundheitsschutz 57 (7): S. 843.

Mo-suwan, L., Pongprapai, S., Junjana, C., Puetpaiboon, A. (1998). *Effects of a controlled trial of a school-based exercise program on the obesity indexes of preschool children.* The American journal of clinical nutrition, 68(5): 1006-1011.

World Health Organization. (2018). who.int. Zugegriffen am 18.02.2020. Verfügbar unter https://www.who.int/news-room/fact-sheets/detail/physical-activity.

6 Abbildungs- und Tabellenverzeichnis

6.1 Abbildungsverzeichnis

6.2 Tabellenverzeichnis